Carl Goldmark

Merlin - Operndichtung in drei Akten

Carl Goldmark

Merlin - Operndichtung in drei Akten

ISBN/EAN: 9783743647220

Hergestellt in Europa, USA, Kanada, Australien, Japan

Cover: Foto ©Thomas Meinert / pixelio.de

Weitere Bücher finden Sie auf **www.hansebooks.com**

Merlin.

Operndichtung in drei Akten

von

Siegfried Lipiner.

Musik

von

Carl Goldmark.

Eigenthum der Verleger

J. Schuberth & Co., Leipzig.

Personen:

Artus, König der Briten.
Ginevra, seine Gemahlin (stumme Person).
Modred, sein Neffe. ⎫
Gawein. ⎪
Lancelot. ⎬ Ritter der Tafelrunde.
Merlin. ⎪
Viviane. ⎭
Bedwyr, ein Ritter.
Glendower, Schloßvogt.
Die Fee Morgana.
Der Dämon.
Ritter, Krieger, Mädchen, Frauen. — Geister.

Die Handlung spielt in Wales, nahe der Hauptstadt Karleon.

Erster Akt.

Links schräg im Hintergrunde Artus' Burg. Hohes Mittelthor, kleinere Nebenthore. Vor dem Hauptthore eine Terrasse. Unterhalb derselben, von blühenden Gebüschen umgeben, ein geschmücktes Zelt. Rechts, gegen den Hintergrund zu, Felsen. In der Perspective Ausblick auf die Stadt Karleon. Pfingstzeit. Anfangs Morgendämmerung, dann heller Tag.

Erste Scene.

Lancelot kommt von der Rechten, dann Glendower.

Lancelot (an's Thor klopfend).

Heda! Glendower! Aufgemacht!

Glendower (aus einem Nebenthor kommend).

Lancelot — Du! Wie steht die Schlacht?

Lancelot.

Unseliger Tag!

Glendower.

Was gibt's? sag' an!

Lancelot.

Das Schlimmste, was ich melden kann:
Wir jubelten schon, schon floh der Feind,
Als plötzlich ein Haufe im Rücken erscheint;
Einer der Unsern — schnöder Verrath! —
Wies den Sachsen verborgenen Pfad!

Glendower.

Ha, schändlicher Bube!

Lancelot.

Wir sind umgangen,
Wir sind verloren, sind gefangen,
Rettet uns nicht vor Schmach und Tod
Der Eine, der Retter in jeglicher Noth —
Wo ist Merlin?

Glendower (nach der Burg deutend).

Still! hörst Du des Sehers Harfe klingen?
Ich sah ihn: dort kniet er, in Andacht versunken,
Aufblickt sein Aug', so feurig-trunken,
Als wollt' es in die Himmel dringen;
In solchen Stunden stör' ich ihn nicht,
Da leuchtet am hellsten sein Seherlicht,
Die heil'ge Kraft, die ihm allein verlieh'n —

Lancelot.

Ich muß ihn seh'n!

(Das Mittelthor öffnet sich.)

Glendower.

Da ist er!

Merlin
(war, die Harfe in der Hand, auf der Terrasse erschienen).

Lancelot (ihm rasch entgegen).

Hör'! — Merlin!

Merlin.

Sei ruhig, alles weiß ich schon.
Geh' — und dem König sollst du melden:
Fest halt' er Stand mit seinen Helden,
Der hehrste Sieg wird Euch zum Lohn!

Lancelot.

Dank, edler Seher! Ich eile fort:
Nie trog Dein heilig Seherwort!
Wir wollen kühn auf's Neu' zum Kampfe geh'n!
Bist Du mit uns, wer mag uns widersteh'n?

(Lancelot ab nach der Rechten. Glendower in die Burg.)

Zweite Scene.

Merlin. Dämon.

Merlin
(lehnt seine Harfe an das Zelt links und tritt vor).

Dämon!

Dämon
(erscheint plötzlich in einer feurigen Wolke).

Hier bin ich!

Merlin.

Fort in die Schlacht!
Hülle die Sachsen in Wolken und Nacht!
Mit Blindheit schlag' das heidnische Heer!
Hell siege das Kreuz!

Dämon.

Nein, nimmermehr!
Verhaßtes Kreuz! verwünschtes Joch!

Merlin (ruhig).

Und dienst Du ihm knirschend, so dienst Du doch!
Im Namen des Vaters —

Dämon.

Verfluchter, sei still!

Merlin.

Auf! sammle die Wolken! Willst Du?

Dämon.

Ich will! —

Herbei, herbei, von nah' und fern:
Dünste des Moors, höret den Herrn!
Umwindet, umwebet den heidnischen Schwarm —
Um Haupt und Fuß, um Aug' und Arm!

Geisterchor (unsichtbar).

Bald ist er umwunden, bald ist er umwoben:
Meister der Hölle, Du wirst uns loben!

(Nebelbünste erheben sich, ballen sich zu Wolken und ziehen vorbei.)

Merlin.

Und sende dem Feind in's lähmende Dunkel,
Send' ihm der Flämmchen tückisch Gefunkel,
Trügend verlock' ihn der schwirrende Glanz.

Dämon.

Irrwische! Irrwische! naht euch verstohlen,
Mit brennenden Köpfen, mit hüpfenden Sohlen,
Schlingt nun die Heiden den tückischen Tanz!

Geisterchor (unsichtbar).

Wir hüpfen, wir schwirren, von unten, von oben:
Meister der Hölle, Du sollst uns loben!

(Irrlichter funkeln im Gebüsch auf und schweifen vorüber.)

Merlin.

Wohl! Du kannst geh'n: es ist vollbracht;
So bring' es denn Heil! — Nun fort in die Schlacht!

(Geht ab.)

Dämon.

Verfluchter Zauberer! verhaßter Zwang!
Wie lange noch knechtest Du mich, wie lang'?
So muß ich ihm dienen, dem Teufelssohn!
Da er noch Kind war, dient' ich ihm schon;
Wollt' ich ein Werk des Unheils beginnen,
Sein offener Blick trieb mich von hinnen!
Vergangenes, Künftiges ist ihm bewußt,
Die Hölle zwingt er nach seiner Lust —
Und ob er mich in Trümmer bricht:
Wie ihm zu wehren, weiß ich nicht!

(Stillschweigen, dann schauerlich leise.)

Es lebt ein Weib, dem alles kund:
Auf heißen Stromes tiefstem Grund,
In ihrem Schlosse von Krystall,
Schaut sie das weite Weltenall.
Ist in der ganzen weiten Welt
Nur Eine Waffe, die ihn fällt:
Kund ist's, Morgana, Deinem Geist! —
Ob Du mir Rath und Rache weißt?

(Feierlich.)

Du, erschaffen und beseelt,
Als sich Glut und Flut vermählt,
Du, des Zaubers Meisterin,
Fee Morgana, Seherin:
Aus dem Strom, den Du erkoren,
Sei beschworen, sei beschworen!

Bei dem Quell der Finsterniß,
Der der Erde Schooß zerriß,

Bei dem siebend heißen Quell,
D'raus Du aufstiegst leuchtend hell:
Bei der Flut, die Dich geboren:
Sei beschworen, sei beschworen!

(Eine heiße, von wallenden Dämpfen umwogte Springquelle scheint aus der Erde hervorzubrechen; ein feuerrother Glanz ergießt sich von ihr über die Bühne. Aus der Quelle erhebt sich **Morgana**, ein Diadem auf dem Haupte, in feurig-rothem Gewand, von grünem Schleier umflattert.)

Dritte Scene.

Dämon, Morgana.

Morgan'a.

Wer ruft mir?

Dämon.

Hör' mich, Morgana, Königin!

Morgana.

Bist Du der Sklave des Merlin?

Dämon.

Nicht mich zu höhnen, beschwor ich Dich her!

Morgana.

Rede — was ist Dein Begehr?

Dämon.

Der Hölle Fürst wollt' einen Sohn erzeugen,
Dem Heil zu wehren und die Welt zu beugen;
Die reinste Jungfrau zwang er mit Gewalt —
Ein Sohn entsproß: ein Wunder an Gestalt,
Dem Vater gleich an Zauberkraft und Stärke;
Doch ach! er trog die Hoffnung uns'res Herrn:
Die Hölle zwingt er zu des Himmels Werke —
Denn heilig strahlt ob ihm der Mutter Stern!
(Heftig.)
Kennst Du ihn wohl und seinen heiligen Sinn?
Kennst seine Seherkraft — das Himmelslicht,
Das des Versuchers Künste bricht?
O rede, rede, Königin!

Morgana.

Selig bist Du, Held Merlin!

Dämon.

Rede, wie vernicht ich ihn?

Morgana.

Selig bist Du, Held Merlin!
Deine Harfe hör' ich klingen,
Heilig rührt der Töne Macht —

Dämon.

Heil'ger Mutter Fried' und Ruh'
Weht ihm aus den Tönen zu —
Sprich, wie zwing' ich heil'gen Sinn?

Morgana.

Deine Blicke seh' ich dringen
Durch geheimnißvolle Nacht —

Dämon.

Ist der Blick nur ihm entrafft,
Spott' ich seiner Zauberkraft —
Sprich, wie blend' ich Sehersinn?

Morgana.

Weh' Dir, wehe, Held Merlin! —
Nur in heilig-reinster Hand
Tönt das Wundersaitenspiel;
Heißer Wünsche eitlem Ziel
Sei der Seher abgewandt! —
Wenn der Harfe Ton verklingt:
Weh', Dir, wehe, Held Merlin!
All Dein Schauen ist dahin,
Und Dein Seherlicht versinkt.

(Der Schein wird matter, Morgana versinkt langsam.)

Dämon.

Wann versinkt es — rede: wann?

Morgana.

Laß mich!

Dämon.

Bei der Hölle Thoren:
Sei beschworen! sei beschworen!

Morgana.

Laß mich!

Dämon.

Weile, künd' es an!

Morgana.

Weh' Dir, wehe, Held Merlin!
Bist zu heil'gem Dienst gesendet,
Hast zu Wonnen Dich gewendet:
Denn ein Weib hat Dich geblendet —
Weh' Dir, wehe, Held Merlin! (verschwindet.)

Dämon.

Ein Weib! ein Weib! Nun hab' ich Waff' und Wehr!
Das schönste Weib, — ich sah's — ich lock' es her!
Triumph! Triumph! es wird gelingen,
Die heil'ge Harfe wird verklingen,
Dein Seherlicht versinkt in Nacht!
Dann wahre Deine Zaubermacht!
Wenn ich sie einmal Dir entwunden,
Dich binde, wie Du mich gebunden:
Nicht kurze Pein soll mir genügen,
In ew'gen Fesseln sollst Du liegen —
Ich raste nicht, bis ich's vollbracht!

(Er verschwindet. — Die Sonne geht auf. Die Thore der Burg werden geöffnet.
Bewegtes Treiben. — Trompetenstöße immer näher.)

Vierte Scene.

Glendower. Mädchen, Frauen, Volk von allen Seiten kommend, gleich darauf
Lancelot.

Glendower.

Hört ihr es klingen? Der König naht!
Zu Schanden ward der schändliche Verrath!
Glückseliger Tag!

Chor.

Heil der Botschaft! Heil!
Der hehrste Sieg ward uns zu Theil!

Frauen aus dem Schlosse.

Wo ist der König? wo ist das Heer?

Volk (von rechts).

Sie nahen, sie kommen: mit blinkender Wehr,
Mit fliegenden Fahnen, mit hellen Trompeten!

Lancelot (kommt von rechts).

Der Sachsen Macht, sie liegt zertreten! —
Das war ein Ringen, Mann an Mann!
Der König stritt uns Allen voran!
Da plötzlich erscheint, von Wolken umwallt,
Mitten im Feind des Sehers Gestalt;
Wir stürzen vor und jauchzen: Merlin!
Er schwang sein Schwert und stürmte dahin:
Ein Schrecken ergriff die feindlichen Reih'n,
Sie wichen, sie flohen — wir hieben ein. —
Seht, wie das Haupt des Königs glänzt,
Von grünem Siegerkranz bekränzt!

(Ab in die Burg mit Glendower.)

Chor der Barden und Krieger.

Er naht, der Fürst des Sieges naht!
Und Schwert und Lanze raucht,
In Feindesblut getaucht;
Und wo sein Schild erschien,
Dort sank ein Held dahin.
So führt er kühn von That zu That —
Der Fürst des Siegs!

Frauen und Männer.
(Frauen, Rosen streuend.)

Rosen, all ihr süßen,
Eilt zu seinen Füßen;
Laß Dich froh begrüßen,
König, stark und kühn!

Frauen.

Heil Dir, hehre
Schaar der Ehre!
Schild und Speere
Kränzt mit jungem Maiengrün!

Männer.

Heilig-hehre
Heldenehre,
Dich verkläre
Rosenpracht und Maiengrün!

(Ein Theil der Frauen bekränzt Schilde und Lanzen der Krieger.)

II.

Er naht! Der Fürst des Sieges naht u. s. w.

Frauen und Männer.

Schmücket Schild und Lanze
Mit dem Eichenkranze!
In des Tages Glanze
Mag die Freude blüh'n!

Frauen.

Heil Dir, hehre
Schaar der Ehre!
Schild und Speere
Kränzt mit jungem Maiengrün.

(zusammen)

Männer.

Heilig-hehre
Heldenehre,
Dich verkläre
Rosenpracht und Maiengrün!

Er naht, der Fürst des Sieges naht — u. s. w.

Fünfte Scene.

Artus, Gawein, Bedwyr, Modred mit vielen Rittern und Kriegern kommen während des folgenden Chores von der Rechten. **Artus** Haupt ist mit grünem Eichenkranz geschmückt. **Ginevra** kommt mit ihren Frauen aus der Burg, von **Lancelot** geführt. **Glendower** folgt.

Chor der Frauen.

Um das Haupt den Eichenkranz,
Rosen Euch zu Füßen:
Mögt ihr so des Morgens Glanz
Immerdar begrüßen!
Was Euch Tücke zugedacht,
Wurde doch zu Schanden,
Herrlich ist aus heißer Schlacht
Euch der Sieg erstanden!

Chor der Krieger (zugleich).

Hei, das war ein Waffentanz!
Mußten's theuer büßen!
Laß Dich denn, o Morgenglanz,
Doppelt froh begrüßen!

Was uns Tücke zugedacht,
Wurde doch zu Schanden
Und aus wunderreicher Schlacht
Ist der Sieg erstanden!

Chor des Volkes.

Heil dem König! Heil dem Heer!
Heil des Tages Glanz und Ehr'!

Artus.

Gruß Euch, ihr Guten, und frohen Dank!
Dank Dir, Du tapfre Tafelrunde,
Voll Muth und Treue sonder Wank!
Dank allem Heer zur glücklichen Stunde!
Ihn aber, der das Heer geschändet,
Ihn, der von schnödem Gold verblendet,
Verkauft, verrathen Fürst und Land:
Ihn treffe Gottes Rächerhand!

Chor.

Fluch ihm! Ihn treffe Gottes Hand,
Der schnöd verrathen Fürst und Land!

Artus.

Wo aber ist Er, der hohe Mann,
Der einzig heut den Sieg gewann,
Der unsre Feinde mit Blindheit schlug,
Der Schrecken in ihre Reihen trug:
Wo ist er, der Erste im Rath, im Feld —
Merlin, mein Seher, mein Barde, mein Held?

Chor.

Durch ihn ward uns der Sieg verliehn:
Heil ihm, dem Seher! Heil Merlin!

Artus.

Führt ihn heran! — Ihr aber, Frauen, eilt:
Zum Kranze windet mir das schönste Grün!
Dem einzigen Manne, edel, groß und kühn,
Sei er als schwacher Dank ertheilt!

(Einige Frauen ab.)

Merlin (wird von mehren Rittern herangeführt).

Artus (ihm entgegeneilend).

Merlin, mein Freund! mein theurer Held!
Wo wär' ein Dank Dein würdig in der Welt?

(Er ergreift seine Hand und sieht ihm liebevoll in's Auge.)

Ja! stark ertrag' ich, was mein Herz bedrückt:
Gefahr und Noth und schnöder Tücke Macht —
Da solch ein Aug' ob meinem Haupte wacht,
Da Freundestreu mein Innerstes erquickt!

(Er zeigt ihm die versammelte Menge.)

Dir dank' ich nicht! — O sieh' dies Volk ringsum:
Sein jauchzend Herz, das sei Dein Dank und Ruhm!
Sieh mir in's Aug', und lies das Glück darin,
Daß mir ein Freund gegeben, wie Merlin!

Merlin.

Mein edler Fürst — ich bin nicht Lobes werth,
Dir half Dein Heer, Dir half Dein starkes Schwert!

(Sein Blick durchläuft bei den letzten Worten die Reihen der Ritter und trifft nun auf Bedwyr.)

Merlin.

Wie ist Dein Name?

Bedwyr.

Bedwyr.

Merlin.

Du warst's!

Chor.

Was sagt er?

Merlin.

Du hast verrathen!

Bedwyr.

Ha, Lügner Du!

Merlin (ruhig).

In Deinen Blicken liegen Deine Thaten! —
Sieh' mir in's Auge — sieh mich offen an!
Willst Du mir leugnen? Sprich — hast Du's gethan?

Bedwyr (zurückweichend).

Hinweg!

Merlin.

Gesteh'!

Bedwyr.

Nichts hab' ich zu gesteh'n!

Merlin.

Hast Du's gethan? Kannst Du in's Aug' mir seh'n?

Bedwyr.

In Deinem Aug' brennt teuflische Glut!

Merlin.

Gesteh'!

Bedwyr (das Schwert ziehend).

Hinweg! Du bist mit dem Bösen im Bund,
Er lügt durch Deinen Lügenmund!
Hinweg! sonst trinkt mein Schwert Dein Blut!

Merlin.

Sei ruhig! Hast Du es gethan?

(Er legt ihm beide Hände auf die Schultern.)

Blick auf und rede!

Bedwyr

will auf ihn eindringen und blickt dabei unwillkürlich in sein Auge. Das Schwert
entfällt ihm).

Ich hab's gethan! (Er sinkt nieder.)

Voller Chor.

O Grauen! Alles ist ihm kund,
Er blickt in jedes Herzens Grund!

Chor des Volkes.

O großer Seher, mächtiger Merlin!
Schmach dem Verräther! Fluch über ihn!

Chor der Krieger.

Ha, Schand' und Schmach, Fluch dem Verrath!
Mit seinem Blute sühn' er die That!

Merlin (tritt an das Zelt und ergreift seine Harfe).

Artus.

Führt ihn hinweg! ihm wird sein Lohn!

(Bedwyr wird weggeführt; man bringt Artus einen frischen Eichenkranz.)

Merlin (seine Harfe erhebend).

O Schmach dem Tag, der Solches gesehn!
In dieser Stunde, da dies gescheh'n,
Laßt uns, Ihr Tapfern, Ihr Getreuen,
Laßt uns den heil'gen Schwur erneuen:
Ruft und hebt zum Himmel die Hand:
Treue dem König! Treue dem Land!

Chor der Ritter.

Wir rufen und heben zum Himmel die Hand:
Treue dem König! Treue dem Land!

Merlin (begeistert in die Saiten greifend).

Heil Dir, mein König, Heil und Preis,
Du, reich an Wunden und Siegen!
Des Südlands Trift, des Nordlands Eis,
Sah Deine Fahnen fliegen.
Brausend kommen die Völker gezogen,
Umfluten Dein Volk mit wilder Macht:
Du kommst — Du bändigst ihre Wogen,
Du mächtiger Wirbelwind der Schlacht!

Chor.

Heil Dir, mein König, Heil Dir und Preis!

Merlin.

Heil Dir, mein Hochland, Preis und Heil,
In Deiner Felsen Mitten!
Wie Deine Felsen rauh und steil,
So stehst Du hart umstritten.
Brandend kommt das Meer gezogen,
Sie zu zerbrechen, wie müht es sich stark!
Aber zu Schanden werden die Wogen
An meines Hochlands felsigem Mark!

Chor.

Heil Dir, mein Hochland! Preis Dir und Heil!

Merlin.

Heil Dir, o Tag, Du Siegestag! . . . . .

Viviannes Stimme (hinter der Bühne).

Hallali! hallali!
Hirschlein fein,
Streck' die Bein',
Bogen kommt doch hinterdrein;
Lauf geschwind,
Wie der Wind,
Wie ein Hauch,
Ueber'n Strauch:
Bogen, Bogen läuft ja auch!
Hallali! hallali!
Hirschlein fein,
Streck' die Bein',
Sieh Dich vor, — schon bist Du mein!

Sechste Scene.

Vorige. **Viviane** mit ihren Jungfrauen war während ihres Gesanges, Pfeil und Bogen in der linken Hand, auf einem Felsen zur Rechten erschienen; jetzt bemerkt sie die Versammlung und rennt mitten auf die Bühne herab. Allgemeine Unruhe.

Stimmen (durcheinander).

Das Fräulein von der Quelle — die wilde Jägerin —

Viviane (auf Merlin zugehend).

Merlin! Er ist's! Ich grüße Dich, Merlin!

Merlin (sieht sie eine Weile schweigend an).

Wer bist Du? und was suchst Du hier?
Hier ist geheiligtes Revier!

(Auf den König weisend, vor welchem sich Viviane tief verneigt, rauh:)

Was drängst Du Dich so laut in diesen Kreis?

Viviane.

Wer Frauengruß nicht zu erwidern weiß:
Verdient der wohl, daß ich ihm Rede steh'?
Ein Hirschlein jagt' ich — oder war's ein Reh —
Ich weiß es nicht mehr — blick' mich nicht so an!
Das aber weiß ich und ich sag' Dir's, Mann!
Blickst Du noch einmal mir so kalt in's Auge —
So kalt — so hart — wende Dich weg von mir!

Merlin.   2

Ich weiß nicht, was ich zu vollbringen tauge:
Mit diesem Pfeil —

(Mit hastigem Griffe reißt sie den Pfeil aus der Linken und richtet ihn drohend gegen
Merlin; plötzlich läßt sie Pfeil und Bogen fallen und blickt ihm entzückt in's Auge.)

Nun lächelst Du, wie mild Du lächeln kannst!
Man sagt von Dir, daß Du mit Blicken bannst:
Ich glaub' es wohl —

Merlin.

Du holdes, wildes Kind!

Viviane.

Blick' noch einmal so milde, so gelind!
So war Dein Blick, da ich zuerst Dich sah.

Merlin.

Wann —?

Viviane.

Sahst mich nicht? ich war Dir doch so nah'!
Ich sah Dich einst mit vielem Volke zieh'n:
Die Menge wies auf Dich: das ist Merlin!
Dein Lockenhaar sah ich im Winde wehen —
Ich lief hinzu, Dich nah, ganz nah zu sehen:
Da, — ach, ich weiß nicht, wie ich's sagen soll:
Da strahlt' Dein Aug' so weich, so gnadenvoll!
Dann schlich ich fort, und wollte fast vergehen
Vor Weh, vor Wonne, die mich überquoll!
Still! Still! Ich rede wirr, blick' mich nicht an!
Was zwingst Du mir's aus meiner Seele, Mann?
Ich schlich zum Wald, aufstieg des Mondes Helle,
Ich kniete hin, ich kniet' an meiner Quelle —
Gleich, wie ein Traumbild, standest Du vor mir,
Und ich, — in Thränen kniete ich vor Dir!

(Sie tritt zurück und bedeckt ihr Antlitz mit den Händen, während sie ihre heftige
Erregung mühsam zu bekämpfen sucht. So steht sie, mit dem Antlitz gegen das Gebüsch gewendet, und scheint an dem unmittelbar Folgenden keinen Antheil zu nehmen.)

Merlin

(der sie unverwandt betrachtet hat — leise, mit erzwungener Ruhe).

An welcher Quelle?

Lancelot.

Viviane's Quelle hat sie das Volk genannt —
Kennst Du das Weib? Noas', des Herzogs, Sproß;

Der Vater fiel — einsam haust sie im Schloß,
Mit ihren Jungfrauen, kühn und bogengewandt.
Doch nah' dem Schloß ist eine Quell' im Wald,
Die ist des Mädchens liebster Aufenthalt:
Dort, wenn des Abends Roth den Wald umsäumt,
Dort sitzt sie, lauscht den Wellen, singt und träumt.

(Bei den letzten Worten wendet sich Viviane, ohne Merlin anzublicken, heftig zu
Lancelot.)

Viviane.

Doch wein' ich nicht — es ist erlogen!
Ich weinte nicht! er zwang mir aus der Brust,
Was ich nicht wollt', was ich nicht wußt'.
Nein! nein! ich faßte Pfeil und Bogen,
Dem Hirsch im Walde bin ich nachgeflogen!
Jagen! Jagen! kennst Du die Lust?
Hallali! hallali!
Hirschlein fein,
Streck' die Bein',
Hurtig über Stock und Stein!
Und wir rennen, und wir spähen,
Berg' und Wälder flieh'n vorbei!
Hei, da muß das Leid vergehen,
Und der Busen athmet frei!
Aeste knarren, Felsen rollen,
Und wir rennen und wir tollen,
Immerzu, in Saus und Braus!
Und das Sehnen
Und die Thränen
Und die Quelle lach' ich aus!

Merlin
(der sie unabläßig betrachtet hat, nun plötzlich, in jäh hervorbrechendem Entzücken).

Wie schön, o Gott, wie schön Du bist!
Hat sich der Himmel aller Huld beraubt
Und goß er Alles auf ein einzig Haupt?

(Er tritt rasch zurück und bedeckt seine Augen, wie über die eigenen Worte erschroden.)

Artus, Gawein, Glendower, Chor.

(zu-
sammen)

Sei uns gegrüßt, Du holder Gast!
O halt' in unsrer Mitte Rast! —
Wie voller Huld an Seel' und Leib!
Fürwahr, es ist das schönste Weib!

2*

Merlin.

Wie fühlt sich doch mein Herz erfaßt!
Es sinkt auf mich, wie schwere Last!
Welch Bangen faßt mir Seel' und Leib!
Bringst Du mir Unheil, holdes Weib?

Lancelot.

Sei uns gegrüßt, Du holder Gast!
Hast aller Edlen Herz erfaßt!
Wer wagt' nicht gerne Seel' und Leib,
Bekränzt ihn je ein solches Weib?

(zu-
sammen)

Modred.

Ha, seht! Wie hat der schöne Gast
Des heil'gen Sehers Herz erfaßt!
Du hast gesiegt, o holdes Weib,
Bald ist er Dein mit Seel' und Leib!

Viviane.

O welch' ein Wahn hat mich erfaßt!
Was sprach ich doch in wilder Hast!
Ein Schauer strömt mir durch den Leib,
Bin ein unselig, thöricht Weib!

Artus (vortretend).

Dem hohen Manne voller Ruhm und Glanz,
Ihm weih' ich dankend diesen Eichenkranz —
Leih' Du ihm Werth, dem schlichten Ruhmespfand:
Du schönstes Weib, kränz' ihn mit eigner Hand!

Viviane

(nimmt mit inniger Freude den Kranz, nähert sich Merlin, und winkt ihm, das Haupt
zu neigen; er sieht starr in sich versunken da; sie tritt nahe zu ihm und berührt seine
Hand).

Merlin (zurückfahrend).

Hinweg! Welch Dunkel bricht herein!
Schrecklich Gebild steiget empor:
Unheil hör' ich — Stimme der Pein,
Stimme des Hohns gellt mir im Ohr —
Kettengeklirr — o schreckliche Macht!
Ich sehe nichts mehr — welch tiefe Nacht —

(Er wacht wie aus Träumen auf.)

Fort, Weib des Unheils! was suchst Du noch hier?
Was zwingst Du so die Seele mir?

(Er ergreift seine Harfe.)

Wer rief Dich her? — mit wildem Gesang
Was störtest Du meiner Harfe Klang?

(Er beugt sich zur Harfe nieder; ruhig und mild:)

O die Du meine Seele labst,
Die Du mir oft den Frieden gabst,
Der heiligen Mutter heilig Erbe Du,
Komm, meine Harfe! Fried' und Ruh'
Töne meinem Herzen zu!
Wie ich Dich halte in meinen Händen,
Da schläft der Sturm und ruht versöhnt!
O töne laut, wie Du noch nie getönt, —
Mein Lied, mein Lied, ich will es enden!

(Er greift mächtig in die Harfe; kein Ton erklingt: tiefe Stille; er fährt erschrocken
zurück und greift noch einmal; kein Ton. Er betrachtet die Harfe, will zum dritten-
mal greifen; die Hand versagt ihm — mit zitternder Stimme beginnt er sein Lied:)

Heil Dir — o Tag! o Siegestag . . .

(Er zerrt wüthend an den Saiten; lange lautlose Stille. Er läßt die Harfe fallen
und verhüllt sein Haupt).

Weh'! — Mutter, welches Zeichen schickst Du mir?

Viviane (nähert sich ihm furchtsam).

Merlin! —

Merlin.

Du noch hier? fort mit Dir!
Unheil liegt in Deinen Zügen!
Der Böse hat Dich mir gesandt!

Viviane.

Fort mit den Zaubern, die Dich trügen!
Empfange den Kranz von meiner Hand!

Artus.

Der Himmel mag das Böse wenden!

(Pause.)

Sieh' auf, Merlin, mit heiterm Blick!
Trübe Dir nicht des Tages Glück!
Den Kranz, den ich Dir zuerkannt,
Knie hin! empfang' ihn von der schönsten Hand!

Merlin.

Von ihr? (Heftig zu Viviane:) Von Dir? Nein, nimmermehr!

Viviane.

Ja, kniee hin! so ist es recht!
Knieen sollst Du, wie ein Knecht!
Einst lag' ich weinend auf den Knieen,
Nun kniee Du, mein Held Merlin!
Ha, wie's mir auf der Seele brennt! —
Daß ich Dich ewig bannen könnt'!
Daß Du mir kniest, so lang Du lebst,
Daß Du Dich nimmermehr erhebst!

Merlin.

Fort! fort! Ich hasse Dich, Teufelin!

Viviane.

Ha! kannst Du hassen, ich kann's auch, Merlin!
Jungfrauen, kommt! Wo ist mein Pfeil, mein Bogen?
Wohin ist uns der Hirsch entflohen?
Hallali! Ihm nach! Ich muß ihn erjagen,
Tausend Wunden will ich ihm schlagen!
Leb' wohl, Merlin! Und dieses Tages Glanz,
In diesem Zeichen sollst Du ihn begrüßen:
Auf Deinem Haupte sollt' er ruh'n, der Kranz —
Hier ist der Kranz: zu Deinen Füßen!

(Sie zerreißt den Kranz und wirft ihn Merlin heftig vor die Füße, dann wendet sie sich rasch zum Abgehen. Stürmische Bewegung.)

Chor.

Ha, Frevlerin! Was hast Du gewagt?

Artus (feierlich zu Merlin).

Der Tag bringt Dir noch höheren Glanz:
Ich setze Dir auf's Haupt den Kranz!

(Er nimmt seinen eigenen Kranz vom Haupte und setzt ihn Merlin auf.)

Lancelot, Chor.

Der Tag, er beut Dir höchsten Glanz,
Nimm hin des Helden Ruhmeskranz;
Durch Dich ward uns der Sieg verlieh'n,
Heil, zauberstarker Held Merlin!

(Die Krieger nehmen ihre frühere Weise wieder auf.)

Was uns Tücke zugedacht,
Wurde doch zu Schanden;
Und aus wundenreicher Schlacht
Ist der Sieg erstanden!

Mordred.

Wann erscheint der Tag der Macht mir in diesen Landen?
Eurer Kränze reiche Pracht, wird noch all zu Schanden!

Chor.

Heil dem König, Heil dem Heer!
Heil des Tages Glanz und Ehr'!

(Viviane erscheint noch einmal auf dem Felsen zur Linken, Pfeil und Bogen in der Hand, und blickt auf die Scene zurück. Merlin ganz in sich verloren. Artus ergreift seine Hand und winkt ihm, in's Schloß zu folgen. Beide wenden sich dem Haupttbor zu; Merlins und Viviane's Blicke treffen sich noch einmal. Zugleich fällt der Vorhang.)

Ende des ersten Aktes.

Zweiter Akt.

Merlins Zaubergarten.

Im mittleren Hintergrunde hohe weitästige Baumgruppen, zwischen denen das nahe Meer schimmert. Rechts hohe Bäume und üppiges Rosengebüsch. Eine Rasenbank, die linke Seite ein wenig durch Laub verdeckt. Links im Vordergrunde ein kleiner, reichgeschmückter Tempel, zu dem mit Blumen überstreute Stufen hinanführen. An den Tempel grenzend, zieht sich quer nach dem Hintergrunde zu eine kleine rasenartige Anhöhe, bis gegen die Mitte der Bühne, langsam ansteigend. — Sonniger Nachmittag.

Erste Scene.

Mordred, Bedwyr und mehrere Ritter kommen aus dem Hintergrunde. (Mordred und die Ritter in voller Rüstung; Bedwyr als Mönch verkleidet.)

Mordred.

So wißt Ihr Alles: Artus zieht ins Feld,
Nach Abenteuern fährt er durch die Welt,
Fern über'm Meer Sinnloses zu beginnen:
Wir aber wollen hier das Reich gewinnen.
Ihr, treuer Bedwyr, und Ihr, Ritter werth.
Steht Ihr zu mir?

Bedwyr, Ritter (an die Schwerter schlagend).

Wir stehn zu Dir, bei diesem guten Schwert!

Bedwyr.

Im Kerker läg' ich jetzt noch festgebannt.
Halft Ihr mir nicht zur Flucht; — hier meine Hand!

Die Ritter.

Es wird gelingen, ja, wir steh'n zu Dir!

Modred.

Zu Sieg und Ehren führt Euch mein Panier.
Der uns schon oft bedrängt, der grimme Feind:
Der Sachsenkönig, ist mit mir vereint;
Kehrt Artus heim und will er mich bekriegen,
Der Doppelmacht muß er sogleich erliegen.
So nehmt ihr denn an Kampf und Ehren Theil?

Bedwyr und Ritter.

Lang' lebe Modred! König Modred Heil!

Modred.

Hierher entbot er seine Zeltgesellen,
Zum Reichsverweser wird er mich bestellen.
Geht, Bedwyr, rasch, hier diesen schmalen Pfad —
Harrt auf mein Zeichen! — Fort! der König naht!
(Bedwyr ab nach der linken Seite. Trompetenstöße.)

Zweite Scene.

Artus, Gawein, Lancelot mit vielen **Rittern** und **Kriegern** kommen.

Artus.

Ihr Treuen, eh' wir fort zum Kampfe zieh'n,
Rief ich Euch her zum Tempel des Merlin.
Von dieser Stätte seliger Einsamkeit,
Nur frommer Andacht, heiligem Thun geweiht,
Schickt er in fernstes Land den Seherblick,
Führt in der Ferne uns zu Sieg und Glück.
Der überall uns schützt mit heiliger Macht,
Ihm sei der letzte Abschiedsgruß gebracht!

Modred (erschrocken bei Seite).

Merlin!

Lancelot (an ihn herantretend).

Du bebst? — Hast Du die Stätte nicht gekannt?

Artus (fortfahrend).

Mein Neffe Modred bleibe hier im Land.
Schon oft erprobt' es seinen kühnen Muth,
Dem Klugen, Treuen geb' ich's in die Hut.

Lancelot (tritt vor).

Hör' mich, mein König! Ritter, hört mich an!
Des Reiches Hut vertraust Du diesem Mann.
Schon lange acht' ich sorgsam seines Pfads:
Der Arglist zeih' ich ihn, des Hochverraths!

Ritter (durcheinander).

Was sagt er? welch ein Wort?!

Einige der Ritter Modred's.

Schweig, frecher Mund!

Artus.

Mann, welch ein Wort!

Lancelot.

Ein Wort mit gutem Grund!

Artus (in tiefstem Schmerze aufklagend).

Verrath? Noch einmal? Wär' es wahr?
Mein armes Volk, umrungen von Gefahr,
Von Völkerfluthen rings umstritten,
Von tausend Feinden hart bedroht,
Wühlt noch Verrath in Deiner Mitten,
Es ist Dein Untergang — es ist mein Tod!

Lancelot.

Nicht schweigen darf ich: laß Dir melden —

Modred.

Mein König, lässest Du vor allen Helden
Mit solchem Lügenwort mich schmäh'n?

Lancelot.

Hör' und erwidre!

Modred.

Ich Dir Rede steh'n? (Er zieht sein Schwert.)
So red' ich — so beweise, was Du klagst!

Lancelot (sein Schwert ziehend).

Ein Gotteskampf! — Ich wag's, wenn Du es wagst!

Artus (zwischen sie tretend).

Nicht so, ihr Ritter! Seht, dort kommt Merlin!
Mehr, als auf Schwerter und auf Menschenmund,

Mehr, als auf Sterne, baue ich auf ihn:
Er blickt hinab in jedes Herzens Grund.
Tritt Du vor ihn, er wird die Wahrheit nennen:
Sein Wort, — sein Blick, er zwingt Dich zu bekennen!

Dritte Scene.

Vorige. Merlin.

Merlin
(war auf der Anhöhe erschienen und kommt jetzt herab).

Mein König! —

Artus.

Gruß Dir, Edler!

Merlin.

Welcher Streit?

Artus.

Tritt näher, Modred!

Modred (wüthend).

Schmach und bittres Leid!
Ich Rede stehen vor dem ganzen Heer?

Lancelot.

Du weigerst Dich?

Modred.

Nein, Lästrer, nimmermehr!
Trotz Höllenkunst und Sehertrug:
Du lügst!

Artus.

Tritt hin! es ist genug!

Modred (vor Merlin tretend).

Hier bin ich: rede — prüfe — frage!

Lancelot.

Des Hochverrathes hab' ich ihn geziel'n:
Du, Seher, richte über meine Klage!
Nicht lügen kann er vor Merlin.

Merlin (nach einer Pause, ruhig).

Dein Blick ist rein, als wie der reinste Stern —
Doch bärg' die Schuld sich auch im tiefsten Grund:

Im Namen Gottes ruf' ich ihr, des Herrn:
Herauf und rede durch des Sünders Mund!

Modred.

Ich red' und rufe sonder Scheu:
Dem König dien' ich wahr und treu!

Merlin (nachdem er ihn eine Weile betrachtet).

Ich finde keine Schuld an ihm.

Lancelot.

Merlin!

Mehrere Ritter.

Heil, Modred, Heil! Die Klage fällt dahin!

Lancelot.

Wär's möglich? Niemals trog des Sehers Blick!

Artus.

Dank Dir! Den Frieden gabst Du mir zurück!
(zu den Rittern)
Nun fort, zur See! Zu neuem Siegeslauf!
Die unsre Küste ungezähmt bedräuen:
Im eigenen Land such' ich die Feinde auf! —
Leb wohl, Merlin! Gedenke mein in Treuen!
(Er umarmt ihn herzlich.)

Die Ritter.

Lebt wohl, Merlin, gedenkt an uns in Treuen!

Merlin.

Leb' wohl, mein Fürst! In Treuen denk' ich Dein;
Der Briten Ruhm, er ruht auf Dir allein;
Du, unsre Kraft, Du, unsres Glückes Pfand,
Kehr' bald zurück ins theure Heimatland! —
Lebt Alle wohl!

Die Ritter (die Schwerter schwingend).

Wohlauf zum Siegeslauf,
Zu frohem Kampf wohlauf!
Die unsre Küste ungezähmt bedräuen,
Im eignen Lande suchen wir sie auf!
Wohlauf zum Siegeslauf,
Zu frohem Kampfe wohlauf!
(Alle, außer Merlin, ab.)

Vierte Scene.

Merlin

(sieht und winkt ihnen nach; dann kommt er herab, tritt vor den Tempel, besteigt
einige Stufen, als wollte er eintreten; dann kommt er zurück und betrachtet ihn
stillschweigend eine geraume Weile).

Mein Heiligthum! O Stätte sel'ger Ruh' —
Mit meinem Herzen, bang und schwer,
Was treibt mich heut' in Deine Stille her?
Ach, dir — ach, Deinem Frieden drängt mich's zu,
Allein mein Friede wohnt in Dir nicht mehr!
Wer ruhen könnt', wie Du, so still, so mild!
Wer ruhen könnt'! — Mich aber treibt's von dannen.
Ach, nirgends, nirgends Ruh und Rast!
Hier auf dem Herzen diese Last!
In Thal und Auen, in Wald und Gefild,
Auf allen Bergen, in wilder Flucht,
Hab' ich des Herzens Frieden gesucht!
Ich kann Dich nicht lassen, ich kann Dich nicht bannen, —
In tiefer Nacht, in stiller Kammer
Vergebens kämpf' ich in bitterstem Jammer,
Wollte mich wappnen, mich ermannen —
Ich kann Dich nicht lassen, kann Dich nicht bannen:
Du süßes Bild!

(Sinnend und träumend links ab.)

Fünfte Scene.

Dämon, dann Viviane.

Dämon (erscheint von rechts).

Sie kommt — sie irrt umher in dumpfem Sinnen,
Es zieht sie fort mit heimlichen Gewalten —
Nun, Jägerin, nun gilt's, Dich festzuhalten,
Die schönste Beute sollst Du mir gewinnen!
O Geisterreich, sie tritt in Deine Mitte,
Mit süßem Zauber sollst Du sie umwehen,
Umwinden eng und enger ihre Schritte,
Daß Beide straucheln und zu Grunde gehen.

Viviane (kommt von rechts).

Wo bin ich? Verfehlt' ich wieder den Pfad?
Wie komm' ich nun heim? Wen bitt' ich um Rath?

Dämon.

Heil, edle Jungfrau!

Viviane.

Da ruft es ja! (sie tritt näher.)

Dämon.

O holdeste Göttin, hausest Du da?

Viviane.

Versteh' Dich nicht.

Dämon.

Göttinnen hier zu finden,
Beim Thor der Hölle! nicht soll's mich erstaunen:
Gespenstisch wallt es rings in Thal und Gründen,
Aus Quell und Wipfel hört' ich's seltsam raunen;
Ein müder Wandrer, trat ich in den Hain —
Fürwahr, die Stätte muß verzaubert sein.
Denn, als ich kam: da — aus der Halle drang
Ein wundersamer klagender Gesang;
Doch öffnet Niemand, wie ich ruf' und frag' —
Was wohl die Halle bergen mag?

Viviane.

Ich will hinein. (Sie suchen vergebens das Thor zu öffnen.)

Dämon.

Die Mühe ist verloren.
Ich ahn' es wohl — ei, laß uns weitergeh'n!
Sieh doch, nicht Schloß noch Riegel ist zu seh'n:
Die Halle ist mit ihrem Herrn verschworen.
Viel wandert' ich, sah Vieles nah' und fern,
Von Zaub'rern hört' ich, mächt'gen Geisterherrn,
In heiligen Hallen birgt sich ihre Macht,
Der Zauberschätze wunderreiche Pracht.
Nicht Schloß noch Riegel schließet ihre Pforte,
Doch ist gesorgt, daß uns kein Müh'n gelingt:
Das Thor erschließt sich nur des Meisters Worte,
Und dem nur, der den Meister selber zwingt.

Viviane.

Ich muß hinein!

Dämon (lachend).

Versuch' es immerhin!
Die Schönheit ist der Meister Meisterin!
Nun lebe wohl, nicht länger darf ich säumen,
Nach Westen lenkt die Sonne ihren Lauf. —

Viviane.

Ach, einmal nur in diesen Zauberräumen!

Dämon.

Leb' wohl!

Viviane.

O liebe Pforte, thu Dich auf!
(Das Thor springt auf.)

Dämon.

Ha, ein Altar!

Viviane.

Und drüber — ein Schleier! —

Dämon.

Und rings ergießt sich ein rosiges Feuer!
Tritt ein! Du willst nicht? wagst es nicht?
(Er tritt hinein und bringt den Schleier heraus.)

Viviane (den Schleier fassend).

Wie duftig, wie weich!
(Sie wirft ihn spielend empor, er bleibt schwebend oben, er leuchtet.)
O wonniges Licht!

Dämon.

Horch, horch! es tönt!

Viviane.

Kennst Du des Zaubers Kraft?

Dämon.

Ich nicht.

Viviane (plötzlich erschauernd).

Und ob's nicht Unheil schafft?

Geisterchor (unsichtbar).

Wir kommen aus Kelchen und Kronen und Klüften,
Aus glitzernden Wellen, aus säuselnden Lüften,
Wir kommen, wir folgen dem mächtigen Herrn,
Der Holden, der Holden, wir dienen ihr gern!
(Dämon ab.)

(Eine Quelle schießt plötzlich zwischen dem Gebüsch hervor, rosige Wolken erheben sich von allen Seiten; die Büsche theilen sich aus einander. Aus den Quellen steigen **Wassergeister** empor, in grünen Schleiern, glitzernden Gewändern. Aus den Wolken herab schweben **Luftgeister**, geflügelt, in weißen wallenden Schleiern. Aus den Felsen und der Erde erscheinen **Erdgeister**, mit goldenem Geschmeide behängt, aus den Gebüschen **Blumengeister**, in bunter Gewandung mannigfache Blumen dar-stellend. Am Schlusse, in der Ferne auf der Meeresfläche sichtbar, in einer Muschel, von Delphinen gezogen, die **Königin** der Meerfrauen, von ihren Schaaren um-schwommen. — **Geisterreigen.**)

Merlin kommt.

Sechste Scene.
Viviane, Merlin.
Viviane
(erblickt Merlin und fährt mit einem halbunterdrückten Schrei zurück. Geister ver-schwinden. Der Schleier fällt auf ein Gebüsch nahe im Vordergrunde.)

Merlin.
Du? Du? Was willst Du, was suchst Du hier?

Viviane (sich rasch fassend).
Fürwahr nicht Dich! Wir tollten im Revier,
Von meinen Jungfrau'n hab' ich mich verirrt,
Ein Knabe wies mich her, — der dumme Hirt!
Ich wollt' in's Schloß, weißt Du den Weg?

Merlin.
Dort ist der Weg!

Viviane.
Dort am Gartengeheg?

Merlin.
Dort am Geheg.

Viviane.
Hab Dank, leb' wohl.

Merlin.
Leb' wohl. (Er erblickt den Schleier.)
Der Schleier? ha! Wer drang so kühn zu mir?

Viviane.
Zu Dir? — Vergieb, ich wußt' es nicht — zu Dir?!

Merlin.
Und dort — die Pforte! Wessen Verrath —?

Viviane.
Sie that sich auf, als ich sie bat.

Merlin.

Sie that sich auf — vor Dir? O ewige Macht!

Viviane.

Vergieb! es war thöricht, war unbedacht!
Den Schleier nahm ich und warf ihn empor,
Sieh', da umschloß mich ein tanzender Chor.
Gar herrlich war's!

Merlin.

Du faßtest ihn an,
Den Schleier?

Viviane.

Ja, was läg' wohl daran?
So duftig ist er, so zart!

(Sie will den Schleier ergreifen.)

Merlin (sie zurückhaltend).

Halt ein!
Unsel'ge!

Viviane.

Ich hüllte mir gern die Locken darein . . .

Merlin.

Kind, Kind! knie' hin und danke der Macht,
Die heute Dich gütig schützend bewacht!
Der tückische Flor in Deiner Hand,
Er hat Dir die seligen Geister gebannt; —
Doch faßte Dich selbst sein Zauber an:
Dich Sterbliche träf' er mit schrecklichstem Bann!
Wenn ich den Schleier um's Haupt Dir führte,
Wenn er Dir nur die Locken berührte:
Weh Dir!
Die holden Gebüsche versänken um Dich,
Felsen umschlössen Dich fürchterlich,
Hier lägst Du fest, unrettbar festgebannt, —
Der Tod nur löst den Bann, der Dich umwand;
Und herrschtest Du auf höchstem Geisterthron:
Du wärest machtlos, aller Geister Hohn,
Im Zauber lägst Du, könntest sie entflieh'n —
Wärst Du auch stark gewesen, wie Merlin!

Viviane.

Ha, grausenvoll! mir wird so bang!

Merlin.

O sei nicht bang! Blick auf, Du bist gerettet!
Des Himmels Huld schwebt segnend über Dir!

Viviane (auffahrend).

Wo bin ich? was that ich? wehe mir!

(kurze Pause, dann ruhig)

Vergieb — leb' wohl —

Merlin (in ihren Anblick versunken).

Viviane! — — —

Viviane (plötzlich auflachend).

Ha, ha, wie toll! an Dich, an Dich gekettet:
Zu Dir gebannt! Bald hätt' ich's selbst gethan!
Zu Dir gebannt!

(plötzlich aufflagend)

Nein, nimmermehr zu Dir!

Leb' wohl! (will gehen.)

Merlin.

Viviane! —

Viviane (bleibt stehen und stampft voll Zorn).

Soll ich vergeh'n in dieser Pein!

(Sie bricht in Thränen aus, und bedeckt ihr Antlitz mit den Händen.)

Merlin.

Du zitterst, Du weinst — o sieh' mich an!

Viviane.

Leb' wohl, leb' wohl —

Merlin.

O willst Du geh'n? (Er nimmt ihre Hand.)

O laß dein Haupt an meine Schulter lehnen!
Wie schön Du bist in Deinen Thränen!

Viviane.

Weidest Du Dich an meinem Schmerz?

Merlin.

Du Holde!

Viviane (ihre Hand losreißend).

O wohl, Dich dauert's, Du gnädiger Mann,
Daß ich die Thränen nicht halten kann!
Spare Dein Mitleid, schone Dein Herz!
(Es war nicht Schmerz, wie Du gemeint —)
Es war nur Zorn, wenn ich geweint!

Merlin.

Zürnst Du mir noch?

Viviane.

Was wär' da Zornes werth?!
Ich Thörin! entbrennt's denn ewig neu in mir?
Weh, wie sich mein Herz in Grimm verzehrt —
Verworfen, geschmäht von Dir, — von Dir!

Merlin.

So zürnst Du noch? o laß mich's büßen,
Holde, Süße, zu Deinen Füßen . . . .

Viviane.

Du hassest mich, Du hassest mich:
Aus Deinem Munde mußt ich's hören!
Fort! Fort! Es will mir die Sinne zerstören —
O Herr des Himmels, erbarme Dich!

(Sie will rasch abgehen.)

Merlin.

O bleibe hier! Geliebtes Weib!

Viviane (erschrocken stehen bleibend).

Geliebtes Weib —
Du warst's — Du riefst — Du riefst mich so an?

Merlin (mit offenen Armen auf sie zugehend).

Viviane!

Viviane (fällt ihm um den Hals.)

Heißgeliebter Mann!
Ist's wahr? ist's wahr? O kann es denn sein?

Merlin.

Ich liebe Dich! Sieh', ich bin Dein!
Nicht länger trag' ich diese Last!

Dich hätt' ich verworfen, o Dich gehaßt?
Dich, der mein Herz entgegenbebt,
Dich, meine Sehnsucht, mein Verlangen!
Mein tägliches Sinnen, mein nächtliches Bangen,
Das Liebste, das mir auf Erden lebt!

Viviane (aufjauchzend).

Könnt' ich die ganze Welt umschlingen!
Geliebter, wie hold, wie herrlich Du bist!
O alle Räume sollten klingen
Vom Glück, das mir erschienen ist!
Dich wollt' ich lassen! Dich vergessen,
In blutiger Jagd, durch Wald und Haid'!
Ach, unbezwingbar, unermessen
Wuchs meine Liebe und mein Leid!
Bang ist's und fremde in der Welt,
Daheim ist's nur bei Dir, bei Dir!
O Wonne, die mich umfangen hält!
Unendliche Seligkeit zittert in mir!

Merlin (in immer steigender Wärme).

Hab' ich Dir Herbes gesagt? Vergieb!
So blendend erschienst Du meinem Blick,
Ich stand verzagt vor meinem Glück!
Nun aber, komm, Du holdes Lieb,
Nimm mich zur Buße ganz dahin,
Nimm, was ich hab' und was ich bin!
An meinem Herzen will ich Dich hegen, —
Fühlst Du die Sehnsucht, die es verzehrt?
O fühlst Du, fühlst Du an seinen Schlägen,
Wie es an Dir zu sterben begehrt?
Ja, Süße, laß uns vergehen zusammen,
Laß uns in Einer Gluth entflammen —
Ein Liebesjauchzen: ich bin Dein! —
Ich liebe Dich! Sei mein! sei mein!

Merlin und **Viviane.**

O Tag! o herrlichste der Sonnen!
Mein Liebstes hab' ich mir gewonnen!
Ach! Es kam das Glück aus lichten Höhen,

3*

Und mich umschmiegt's so süß, so warm;
Ich weiß, es wird nicht von mir gehen,
Ich halt' es ja in meinem Arm!

(Stürmische Umarmung.)
(Merlin und Biviane haben sich auf der Rasenbank rechts im Vordergrunde niedergelassen.
Abenddämmerung, Felsen und Bäume von immer hellerem Roth überflossen.)

Merlin.

Mein Herz erglüht so innig-warm,
O schmiege Dich in meinen Arm,
So, fest und fester umschließe mich,
Mit Deinen Locken umfließe mich,
Du schauerst — es zittert Dein süßer Leib,
Wie schön Du bist, Du zitterndes Weib!

(Er küßt sie lang und innig.)

Viviane.

Das ist der Sehnsucht stille Stunde,
Da ich am Quell nach Dir verlangt! —
O laß mich! — Liebster — laß — mir bangt,
So ist es wahr, Dein Mund an meinem Munde —
So ist es wahr, ich faß' es kaum:
Erfüllt, erfüllt mein wonniger Traum!

Viviane.

Das ist der Sehnsucht stille Stunde!
So ist's erfüllt! so hab' ich's erlangt!
O Du, nach dem ich still gebangt —
So halt' ich Dich im trauten Bunde!
O bleibe mein! Ach, in die Ferne,
Zu lauten Manneskämpfen hin,
Zieht Dich Dein hoher Heldensinn!
O bleibe mein! Auch in der fernsten Ferne!
Sag' mir, daß nie Dein Lieben mich verläßt —
Ach, wie der Himmel festhält seine Sterne,
So hielt ich gern Dich, o Geliebter, fest!

Merlin.

Das ist der Sehnsucht stille Stunde!
O Du, nach der ich heiß verlangt,
O Du, nach der ich still gebangt:
So halt' ich Dich an meinem Munde;

(zugleich)

Ich bleibe Dein! In öde Ferne,
Zu wilden Manneskämpfen hin,
Zog mich ein eitler Heldensinn!
Ich bleibe Dein! Was ist mir Näh' und Ferne,
Da doch die Liebe nimmer mich verläßt!
Ja, wie der Himmel festhält seine Sterne,
So halt' ich Dich, o Du Geliebte, fest!

(Die Sonn geht unter; Merlin und Violane sitzen in ruhiger Umarmung da und sehen einander entzückt in's Auge. Geschrei und Tumult hinter der Scene.)

Stimmen (hinter der Bühne).

Merlin! Merlin!

(Der Tumult wächst an. Hereinbrechende Nacht. Der Mond, bald hell leuchtend, bald von Wolken verdeckt.)

Merlin.

Welch ein Getös? Wer ruft mir?

Glendower (hinter der Scene).

O schütze mich, Merlin!

Siebente Scene.

Glendower und einige Krieger stürzen herein, gleich darauf Modred und Ritter.

Glendower.

Verrath, Merlin! Modred mit seinem Troß
Raubt Artus' Thron, besetzt ist Stadt und Schloß!
Wir wehrten uns mit Kraft und Muth,
Vergebens war's, schütz' uns vor seiner Wuth!

(Modred und viele Ritter stürzen herein.)

Modred (Glendower nachstürzend).

Hinweg mit ihm! Dir wird Dein Lohn zu Theil —
Greift ihn!

Die Ritter.

Heil Modred! König Modred Heil!

(Glendower und die Krieger werden gewaltsam hinweggeführt; Modred und die Ritter ab.)

Glendower (hinter der Scene).

Merlin! Merlin!

---

zugleich

Achte Scene.

Merlin

(der während dieses ganzen Vorgangs starr, keines Wortes mächtig, dagestanden, fährt jetzt auf, taumelt einige Schritte und sinkt an den Stufen des Tempels nieder).

Weh! — Betrogen!
Der Fürst durch mich belogen!
Mein Seheraug' ist mir geraubt:
Die Gnade wich von meinem Haupt.

Viviane (nähert sich ihm furchtsam).

Geliebter!

Merlin (sich erhebend).

Unseliges Weib —

(Er bleibt in Sinnen versunken stehen.)

Das also war's! — Das war der Harfe Mahnung?
Das sah mein Aug' in letzter Seherahnung?
O Herr, vergieb mir meine Schuld!
Zu heiligem Dienste hast Du mich gesendet,
Vor allen Sterblichen erhob mich Deine Huld:
Und ich, zu eitler Lust gewendet,
Ich hab' mein eig'nes Aug' geblendet!

(Zu Viviane.)

Leb' wohl, — ein Schauer strömt durch meine Glieder —
Doch, — nein! Ich kann nicht anders, — lebe wohl!

Viviane.

Was sagtest Du?

Merlin.

Leb' wohl. — Du siehst mich niemals wieder.

Viviane (starr vor Entsetzen).

Was sagtest Du?

Merlin (in heftiger Bewegung).

Ich muß — leb' wohl!

Viviane.

Geliebter Mann! Du gehst von mir?

Merlin.

Hab' ich die Schuld auf mich geladen:
Ich muß zurück zum Quell der Gnaden! —
Herr, gieb mir Kraft! — Leb' wohl! Ich geh' von Dir!

Viviane.

Verlassen willst Du mich?

Merlin.

So zertret' ich mein eigenes Glück!
Zu heiligem Dienst muß ich zurück!
Eh' Du noch meine letzte Kraft gebannt,
Zerbrechen muß ich Deine Zauberketten —
Und nun hinweg! Den König muß ich retten,
Noch schwing' ich sie, die starke Zauberhand!

Viviane.

Geliebter, was ist mein Verschulden?
O sag' mir, was hab' ich gethan?

Merlin.

Unsel'ge! mehr, als Du, werd' ich erdulden,
Um meines Glückes kurzen Wahn!
(heftig erschüttert)
Leb' wohl, leb' wohl! — O ich hab' Dich geliebt! —
Geh' hin, wo's selige Menschen giebt!
Leb' wohl, mein Weib! Zu Sterblichen geh' hin,
Die nicht so elend, wie Merlin!

Viviane (ihn wild umschlingend).

Nein! nein! Du darfst mich nicht verlassen,
Ich halte mich an Deinem Busen fest,
So will ich ewig Dich umfassen,
Bis daß mein Leben mich verläßt!
So büßen soll ich mein kurzes Glück?
Die Eine Stunde? — Merlin! Merlin!
O sag' mir's nur mit einem Blick:
So, Theurer, so wirfst Du mich nicht dahin?!

Merlin.

Ich muß! o soll ich in Jammer vergeh'n?
Leb wohl! ich darf Dich nicht mehr seh'n!

Viviane (mit immer steigender Wildheit).

Ich will Dich halten,
Will Dich umschlingen,
Mit allen Gewalten
Will ich Dich zwingen!

So — wind' ich mich um Deinen Leib!
Fürchte, fürchte das wüthende Weib!
Ich lasse Dich nicht. — Ich tödte Dich, Merlin!
Fürchte, fürchte die wilde Jägerin!

Merlin.

Ich muß — laß ab!

Viviane.

Geliebter Mann!

Merlin.

Ich muß dahin, wohin mich Gott erkoren!

Viviane (niederfallend).

Zu Deinen Füßen fleh' ich Dich an!

Merlin.

Ich schwör's!

Viviane.

Halt ein!

Merlin.

Beim Himmel sei's geschworen!

Viviane.

Ha! (Sie springt auf und ergreift den Schleier.)
Nimmer, nimmer verlässest Du mich!

(Sie hat bei den letzten Worten den Schleier über sein Haupt geworfen. Furchtbarer
Donnerschlag. Die Scene ist verwandelt. Im Vordergrunde der Tempel, wie früher,
sonst öde Felsenlandschaft. Auf einem Felsen, an der Stelle der Anhöhe, liegt
Merlin, halb aufgerichteten Leibes, mit feurig-glühenden Ketten angeschmiedet.
Der Mond leuchtet hell über seinem Haupte. Der Dämon erscheint auf einem Felsen,
Merlin gegenüber, mit wildem Lachen. Viviane, die vom Momente der Katastrophe
starr vor Entsetzen, wie betäubt, stehen geblieben war, fährt nun beim Lachen des
Dämon jäh empor, wendet sich, erblickt Merlin am Felsen und stürzt mit einem er-
schütternden Schrei zu Boden.)

Der Vorhang fällt.

Ende des zweiten Aktes.

———

Dritter Akt.

Scene, wie am Schluß des vorigen Aktes. Dichte Wolken verhüllen den Hintergrund, aus dem nur einige spitze Felsenzacken hervorbliden. Im Vordergrunde links der Tempel; rechts ein mächtiger Felsblock, der unten eine Art Steinbank bildet. Morgen.

Erste Scene.

Viviane (am Felsen, rechts; allein, halbliegend.)

Viviane (dumpf und leise).

Graut schon der Morgen? Diese ew'ge Nacht!
Müd' ist mein Aug'. — Schlaf ein, mein Aug', schlaf ein —
Ich hab' die ewige Finsterniß durchwacht:
Was frommt's? was soll's? Schlaf ein, für immer ein.
Ich hab' geweint in brünstigstem Gebet —
Was frommt's? Verschlossen ist des Himmels Huld!
Ich hab' kein Heil, hab' keine Gnad' erfleht
Für meine Qualen und für meine Schuld!

(Sie lehnt das Haupt matt zurück und entschlummert. Morgana steigt in einem hellen Lichtschein herauf und nähert sich ihr langsam.)

Zweite Scene.

Morgana. Viviane.

Morgana.

Aus heil'ger Ruh' weckt mich die tiefste Klage
Stark, wie kein Zauberruf mir je erklang!
Unseliges, holdes Weib! O Fluch dem Tage,
Da jener Dämon mich zur Botschaft zwang!
Wie bleich Du bist! Die Seele rührst Du mir.

(Sie tritt zu ihr hin.)

Schlummre, — doch hör': denn Tröstung bring ich Dir.

Weißt Du, Kind, woher ich kam?
Da ist Trauer nicht, noch Gram;
Süßer Duft ob lichter Au,
Und im Glanze perlt der Thau.
Himmlisch Licht umschwebe Dich,
Heller Thau belebe Dich!
Sel'ge Lüfte, lind und warm,
Lösen, lösen Deinen Harm!

(Viviane macht eine Bewegung nach Morgana hin, lächelt im Traum, und streckt die Arme nach ihr.)

Sie regt sich — lächelt. Tief in bangem Weh'
Ahnt sie schon guten Geistes Näh'! —

Viviane (träumend).

Welch gold'nes Licht! — Und Du, so schön und mild,
Wer bist Du, leuchtendes Gebild? —

(Sie will sich aufraffen.)

Morgana (die Hände über sie breitend).

Schlummre, Mägdlein, schlummre fort!
Hör' Morgana's Seherwort!
Wie Dich Schuld und Jammer quäle:
Tröste, tröste Deine Seele!
Wenn am dunklen Scheidepfad
Jauchzend der Verderber naht:
Liebe, stärker, als der Tod,
Wird des Unheils Mächte zwingen —
Liebe, stärker, als der Tod,
Wird in tiefster Herzensnoth
Ew'ges Heil dem Freund erringen!

Viviane (wie oben).

Welche Töne hör' ich klingen!
Kannst Du Unheils Macht bezwingen:
Löse, löse seine Noth!

Morgana.

Schauen kann ich — nicht vollbringen;
Liebe, stärker, als der Tod,
Wird ihm ew'ges Heil erringen!

(Versinkt.)

Viviane (erwachend).

Wo bist Du? — Welch' ein Traum?!

Vivianens Jungfrauen kommen von der linken Seite.)

Chor der Jungfrauen.

Hast Du am Felsen so lang' gewacht?
Willst Du hier trauern Tag und Nacht?
O komm mit uns, o weile nicht hier —
Wir kosen, wir singen, wir spielen mit Dir!
Komm! wollen wir jauchzend die Wälder durchtosen?

Jagdspieß und Hörner liegen bereit:
Winden wir Kränze? Pflücken wir Rosen?
O komm, es ist die Rosenzeit!

Viviane.

Was hab' ich geträumt?

Chor.

Sprich, welch ein Traum?

Viviane.

Sah eine Göttin, licht und hehr —
Kunde vernahm ich — ich faß' es kaum —

Chor.

Sprich, welche Kunde?

Viviane.

Ich weiß es nicht mehr.
Vergessen ist's — entschwunden ganz.
Doch liegt's über mir, wie himmlischer Glanz —

Chor.

Freu' Dich des Zeichens! es deutet Dir Heil.
Doch weile nicht hier —
(Tumult hinter der Scene.)
O Herrin, enteil'!
Hörst Du es brausen? Dort tobt die Schlacht:
Fürst Artus kämpft mit Modrets Macht —
(Erneuerter Tumult.)

Viviane.

Der Tag bricht an — und dort! o dort!
Erblindet, ihr Augen! Ja fort! schnell fort!
Ich kann nicht bleiben — ich kann nicht geh'n:
Geliebter! — so — soll ich Dich wiedersehn?

Chor.

Komm, traute Herrin, weile nicht hier!

Viviane.

O trauert, ihr Schwestern, trauert mit mir!

(Sie sinkt dem Chor in die Arme, der sie mit sanfter Gewalt nach der linken Seite
wegführt. Die Wolken verziehen sich. Merlin am Felsen wird für eine Weile ganz
sichtbar.)

Dritte Scene.

Merlin (nach einer Pause).

Nun steigst Du herauf, Du goldene Pracht!
Dort flattert die Lerche jauchzend empor:
Nur mich umschweben die Geister der Nacht,
Höhnender Sang raunt mir in's Ohr —
O weichet, ihr Schatten! o gönnt mir das Licht,
Verhüllt mir die Strahlen, die tröstenden, nicht!

Geisterchor (in dichten Wolken Merlin umschwebend).

Wir spotten Dein, wir lachen Dein,
So hat es der Meister gewollt!
Knirschen sollst Du in Jammer und Pein,
Dein Knirschen, es tönt ihm so hold!

Lancelot
(mit mehreren Rittern und Kriegern kommt von der rechten Seite).

Lancelot.

Merlin? wo ist er?

Merlin
(bis an die Brust dicht von den Nebeln umflossen, so daß die Ketten unsichtbar sind).

Wer ruft?

Lancelot.

Dort seine Stimme! — Welch düsterer Raum,
Welch dichtes Gewölk! — ich seh' Dich kaum —

Merlin.

O Tag des Jammers!

Lancelot.

Hör' mich, Merlin!

Heut' fällt der Briten Freiheit dahin! —
Fürst Artus kämpft mit doppeltem Feind —
Ein wilder Eber, durchstürmt er die Schlacht:
Die Sachsen sind mit Modred vereint,
Und wir erliegen der Uebermacht.
Drum hat der König mich gesendet:
Wenn Dich ein tückischer Geist geblendet,
Daß Du des Elenden Schuld verkannt:
Erhebe Dich nun — errette Fürst und Land!
Erhebe Dich! bald ist Alles verloren!
Bei Deiner Treue sei beschworen!

Chor der Ritter.

Erhebe Dich! rette Fürst und Land!
Bei Deiner Treue sei beschworen!

Merlin.

Allmächtiger! O wär' ich nie geboren!
(Gawein mit einigen Rittern kommt.)

Gawein.

Mich sendet der König! O Tag der Noth!
Die Mannen weichen — der König sucht den Tod —
Wo bist Du, Merlin! Nur Du kannst retten!

Merlin.

Mein Volk! mein Fürst! — Ha, Ketten! Ketten!
(Er zerrt wüthend an den Fesseln.)

Lancelot und Chor der Krieger.

Auf, mächtiger Seher! Hilf uns, Merlin!
Du sollst an unserer Spitze ziehn!
Du halfest oft in Kampf und Krieg, —
Wo du erscheinst, da ist der Sieg!
Führ' uns, führ' uns! Dann hoffen wir wieder,
Du wirfst all' unsre Feinde nieder!

Lancelot.

Zeige Dich nur! Erneu're die Schlacht!
Sie glauben fest an Deine Macht!

Chor.

Führ' uns, Merlin! Nur Du kannst retten!

Merlin (wie oben).

Ha, Ketten! Ketten! höllische Ketten!
(Die Wolken zerstreuen sich, die Ketten werden rothglühend sichtbar.)

Lancelot (die Ketten erblickend).

In Ketten! — Ha! was ist gescheh'n!

Merlin.

Den Tod! Den Tod!

Lancelot.

Kommt, laßt uns geh'n!
Stirb hin, mein Fürst! mein Volk, sink' hin!
So fiel Dein herrlicher Merlin!
(Alle weichen entsetzt zurück.)

Chor.

Wehe! Wehe! Was ist gescheh'n!

Lancelot.

Kommt in den Tod! Die Schmach sollt Ihr nicht seh'n!

(Sie wenden sich zum Abgehen.)

Merlin.

O bleibt doch, bleibt! Herr, hab' Erbarmen!
Seht, ich zersprenge sie mit meinen Armen!

(Er versucht wüthend die Ketten zu zerreißen.)

Sie gehen, — ich muß — ich muß ihnen nach.
O Gott! blick' her auf meine Schmach!
Ich muß euch zersprengen — ich muß, ihr Ketten!
Frei muß ich sein — mein Volk muß ich erretten:
Und wär' es die Hölle, die mich befreit!
Und sollt ich verdammt sein in Ewigkeit!

Der Dämon

(plötzlich mit starken Schritten aus dem Hintergrunde vortretend).

Es sei!

(Donnerschlag. Dichte Finsterniß; die Ketten fallen klirrend ab. Lancelot, Gawein
und die Ritter wenden sich mit lautem Aufschrei zurück.)

Dämon (aus der Finsterniß).

Mein ist der Sieg! Vollbracht! Vollbracht!

(Versinkt.)

(Es ist wieder heller Tag; die Scene ist verwandelt: Merlins Rosengarten, wie
im zweiten Aufzug: Viviane mit ihren Jungfrauen erscheint links auf der Anhöhe und blickt voll Schrecken um sich; dann eilt sie auf Merlin zu, der in der Mitte
der Bühne bleich, hochaufgerichtet dasteht.)

Viviane.

Geliebter! Geliebter! — O himmlische Macht!

(Sie sinkt ihm zu Füßen.)

Merlin.

Mein Weib! o mein geliebtes Weib!

(Er richtet sie auf.)

Viviane.

Darf ich den Blick zu Dir erheben?
Vergiebst Du mir?

Merlin (in tiefster Erschütterung).

Wär' so auch mir vergeben!

(Er rafft sich aus dumpfen Sinnen jäh auf.)

Ha! mag denn, was da will, gescheh'n! —
Hier harre mein!
Nach blut'gem Sieg sollst Du mich wiederseh'n!
Nun auf!

(Er nimmt von einem der Krieger ein Schwert und schwingt es hoch.)

Mir nach! —

Lancelot, Gawein, Ritter und **Krieger.**

Dir nach!

(Alle, außer Viviane und den Jungfrauen ab.)

Vierte Scene.

Viviane.

Blüht auf, ihr Felsen! ihr Büsche, erblühet!
Denn der Tag der Wonne ist da!
Ergrünet, ihr Bäume, — ihr Rosen, erglühet!
Denn der Tag der Wonne ist da!
Decke Dich, Erde, mit freudigem Grün,
Singet, ihr Vögel, fern und nah',
Alles soll singen, Alles soll blüh'n:
Denn der Tag der Wonne ist da!

(Die Jungfrauen haben sich freudig um Viviane gesammelt.)

Viviane.

Schmückt mich, o Schwestern, — schmückt mich, Ihr Holden!
Gelbröslein, Rothröslein pflückt mir vom Hag!
Schmückt mir die Locken rosig und golden,
Daß ich in Schönheit prangen mag!
Denn auf blumenbestreueten Wegen
Kehrt mir bald der Geliebte zurück,
Denn dem Geliebten zieh' ich entgegen,
Jauchzend in seinem und meinem Glück!

(Die Jungfrauen pflücken überall Blumen ab und schmücken ihr Busen und Haar.)

Viviane.

Sagt, bin ich schön? und wird er mich lieben?
Ach, meine Thränen fließen so reich!

Ist nicht der Thränen Spur geblieben?
Und ist mir nicht die Wange bleich?
O könnt' ich strahlen! könnt' ich prangen,
Wie man kein Weib noch prangen sah!
Denn den Herrlichsten soll ich umfangen,
Denn der Tag der Wonne ist da!

Chor der Frauen (während sie geschmückt wird).

Ja, Du bist schön! Er wird Dich lieben —
In Huld und Schönheit prangst Du reich!
Nicht ist der Thränen Spur geblieben,
Du leuchtest ja, der Sonne gleich!
Die Freude strahlt auf Deinen Wangen,
Wie man kein Weib noch prangen sah!
Geh' hin, den Herrlichsten zu umfangen —
Denn der Tag der Wonne ist da!

(Die Jungfrauen waren auf eine kleine Erhöhung links gestiegen und blicken eifrig
nach der rechten Seite.)

Viviane.

Späht doch, ihr Schwestern! kommt er noch nicht?
Blinken nicht Lanzen im goldenen Licht?

Die Jungfrauen.

Noch nichts zu seh'n!

Viviane.

Währt es noch lang'?
Kommt er noch nicht? fast wird mir bang!

Kommt herab, ihr Engelschaaren,
Meinen Trauten zu bewahren!
Mit dem schneeigen Gefieder
Hüllet mir ihn sorglich ein;
Bringet mir den Liebsten wieder,
Denn die Liebe harret sein.

Gleich dem Thau im Lenzgefilde
Gießt in's Herz ihm Gnad' und Milde,
Daß er sich zur Liebsten wende
Und vergesse ihre Schuld:
Daß ich blühe ohne Ende
In dem Glanze seiner Huld!

Die Jungfrauen.

Sie kommen! sie kommen!

Viviane.

Jauchzet, o jauchzet! Auf! ihm entgegen!
Der Tag der Wonne, der Wonne ist da!

(Trauermarsch aus der Ferne, immer näher kommend.)

Viviane.

Gott! welche Töne!

Fünfte Scene.

Artus, Gawein, Lancelot kommen; ihnen folgen Ritter und Krieger, Merlin auf einer Bahre tragend.

Artus.

Hier haltet still an seinem Heiligthum:
Sein ist der Sieg, sein ist der Ruhm;
Doch unser ist das herbe Leid —

(Auf die Bahre deutend.)

Um solchen Preis sind wir befreit!

Viviane

(die mit lautem Schrei zurückgefahren war, stürzt jetzt entsetzt auf Merlin).

Weh', ist er todt — Geliebter — Geliebter!

Merlin (schlägt die Augen auf).

Mein Weib — Du bist's — Du holdes Haupt —

(Er breitet die Arme aus und erhebt sich langsam; dann umschließt er sie heftig.)

Der süße Trost, ist er mir nicht geraubt?
Darf Dich mein Aug' noch einmal seh'n?
Mein Weib, mein Weib! laß mich nicht von Dir geh'n!
Laß mich nicht sterben, bleibe bei mir —
O halte mich fest: Der Himmel ist bei Dir!

Viviane (in Thränen erstickt).

Du stirbst nicht!

Merlin.

Noch, noch halt' ich Dich umschlungen!
Das ist der Reiz, der meinen Sinn bezwungen —
O, leben! leben! Ach, in wildem Streit
Wie sprengt' ich oft in Tod und in Verderben!
Nun sterb' ich hin in tiefster Bitterkeit,

Merlin. 4

Mir naht der Tod in schrecklichstem Geleit:
O Gott, laß mich nicht in Verzweiflung sterben! —
O sieh, — sieh hin!

Der Dämon
(war in einer feurigen Wolke im Hintergrunde erschienen).

Dämon.

Auf! Du bist mein!

Artus, Viviane, Chor.

Welch grauses Gebild!?

Merlin (sich heftig an Viviane schließend).

Weh! Der Verderber! Er hat mich befreit! —
In tiefster Pein, ihm hab' ich mich geweiht!

Dämon (zu Viviane).

Fort! elend Weib!

Viviane.

Unhold, rühr' ihn nicht an!
Kämpfst Du mit mir um diesen Mann?

Dämon.

Laß ab von ihm!

Viviane.

O Wort der Seherin,
Wie wachst Du auf in meinem Sinn!
Wenn am dunklen Scheidepfad
Grimmig der Verderber naht:
Liebe, stärker, als der Tod,
Wird des Unheils Macht bezwingen, —
Liebe, stärker, als der Tod —
Wird in tiefster Herzensnoth
Ew'ges Heil dem Freund erringen!

Dämon (zu Merlin).

Zu mir!

Viviane.

Hinweg! — (zu Merlin) Mein bist Du, mein!
Dort, wo der Freund ist, will ich sein,
Dein Weg mein Weg, Dein Grab mein Grab —
In Ewigkeit laß' ich von Dir nicht ab!

Auf Erden bleibe ich nicht allein!
So wahr die ewige Liebe lebt,
So wahr dies Licht am Himmel loht,
Schon fühl' ich den Fittig, der mich hebt, —
Mein bist Du im Tod, und nach dem Tod!

(Sie zieht einen Dolch und durchsticht sich.)

Chor.

Was haft Du gethan?

Dämon.

Fluch Himmel und Erde!

(Versinkt.)

Merlin

(richtet sich halb auf und streckt, brechenden Auges, wie suchend, die Arme nach Viviane).

O bist Du hier?
Wo bist Du? — Geliebte! (Er sinkt zurück und stirbt.)

Viviane (an ihm niedersinkend).

Bei Dir! Bei Dir!

Artus. Chor.

O Heldenkraft, die uns entfliegt.
O Schönheit, die im Staube liegt!
Zum Frieden leite sie hinan,
O Liebe, die du obgesiegt!

Der Vorhang fällt.

Ende.